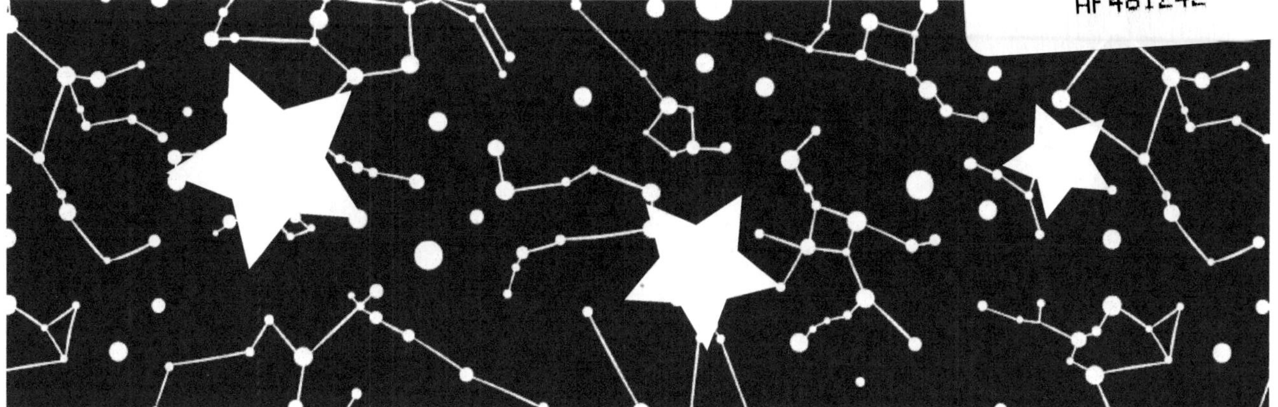

ASTROLOGIE

TAUREAU

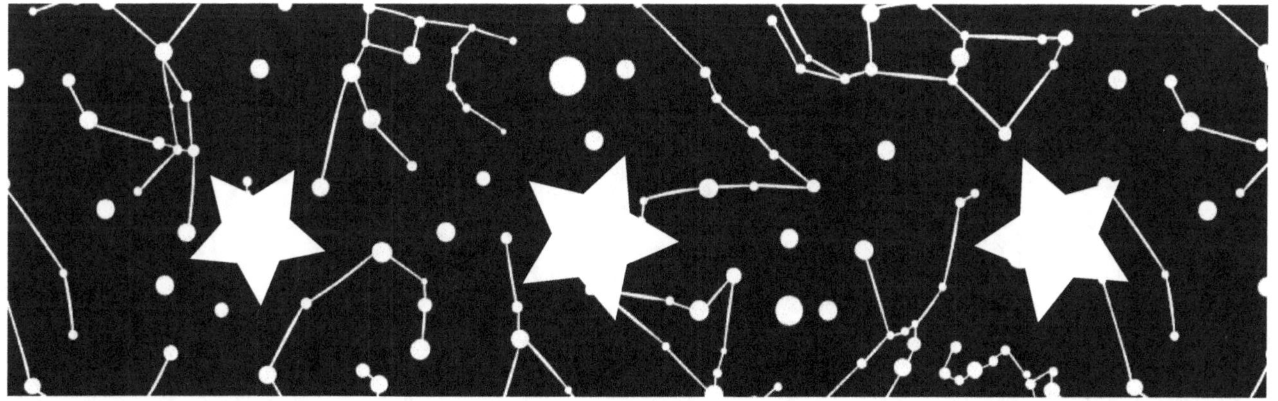

— PARTIE 1 —

Astrologie et signes du Zodiaque

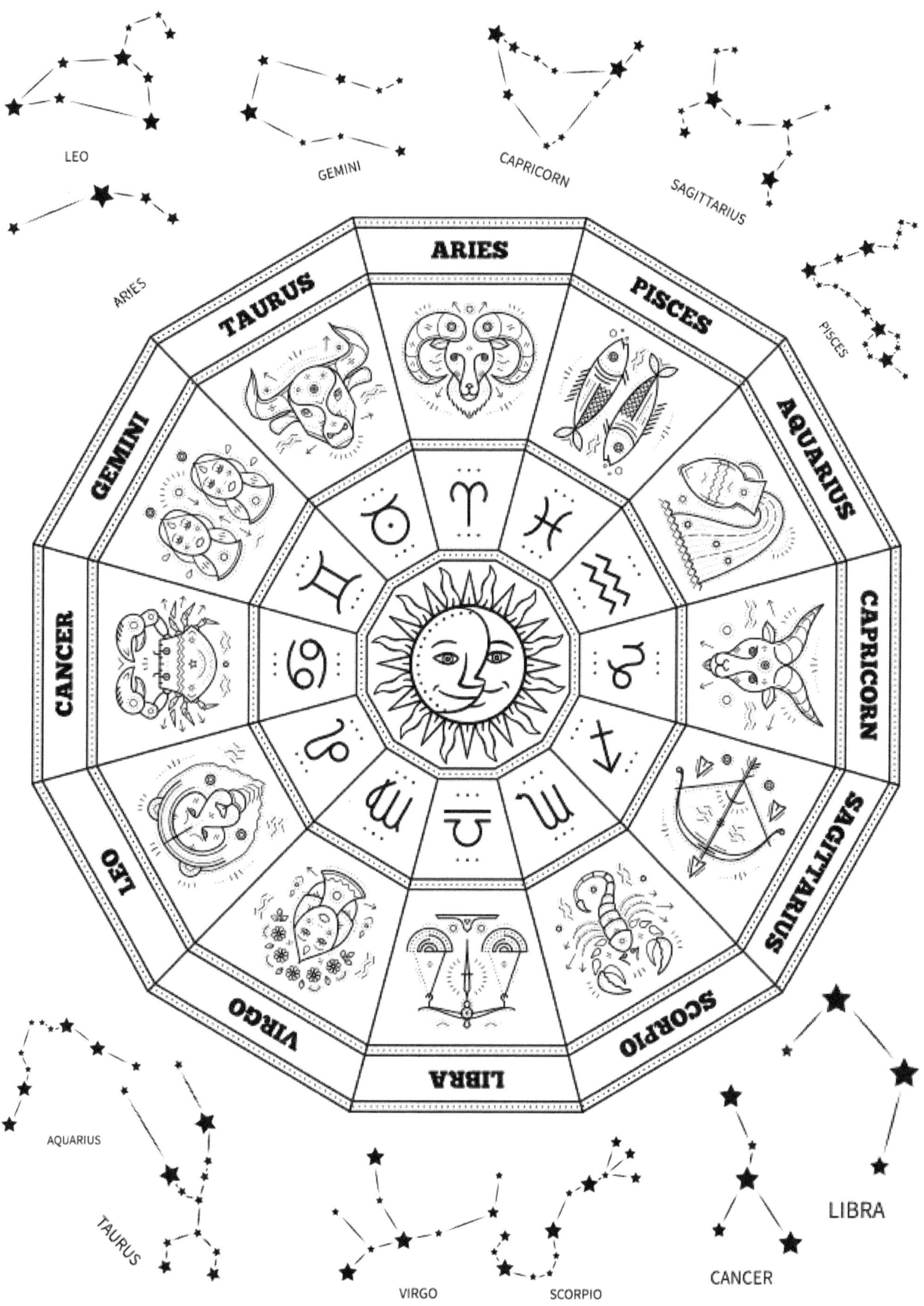

LEO
GEMINI
CAPRICORN
SAGITTARIUS
ARIES
PISCES
ARIES
TAURUS
PISCES
GEMINI
AQUARIUS
CANCER
CAPRICORN
LEO
SAGITTARIUS
VIRGO
SCORPIO
LIBRA
AQUARIUS
TAURUS
VIRGO
SCORPIO
LIBRA
CANCER

# VERSEAU

21 janvier - 18 Février

POISSONS

19 Février - 20 Mars

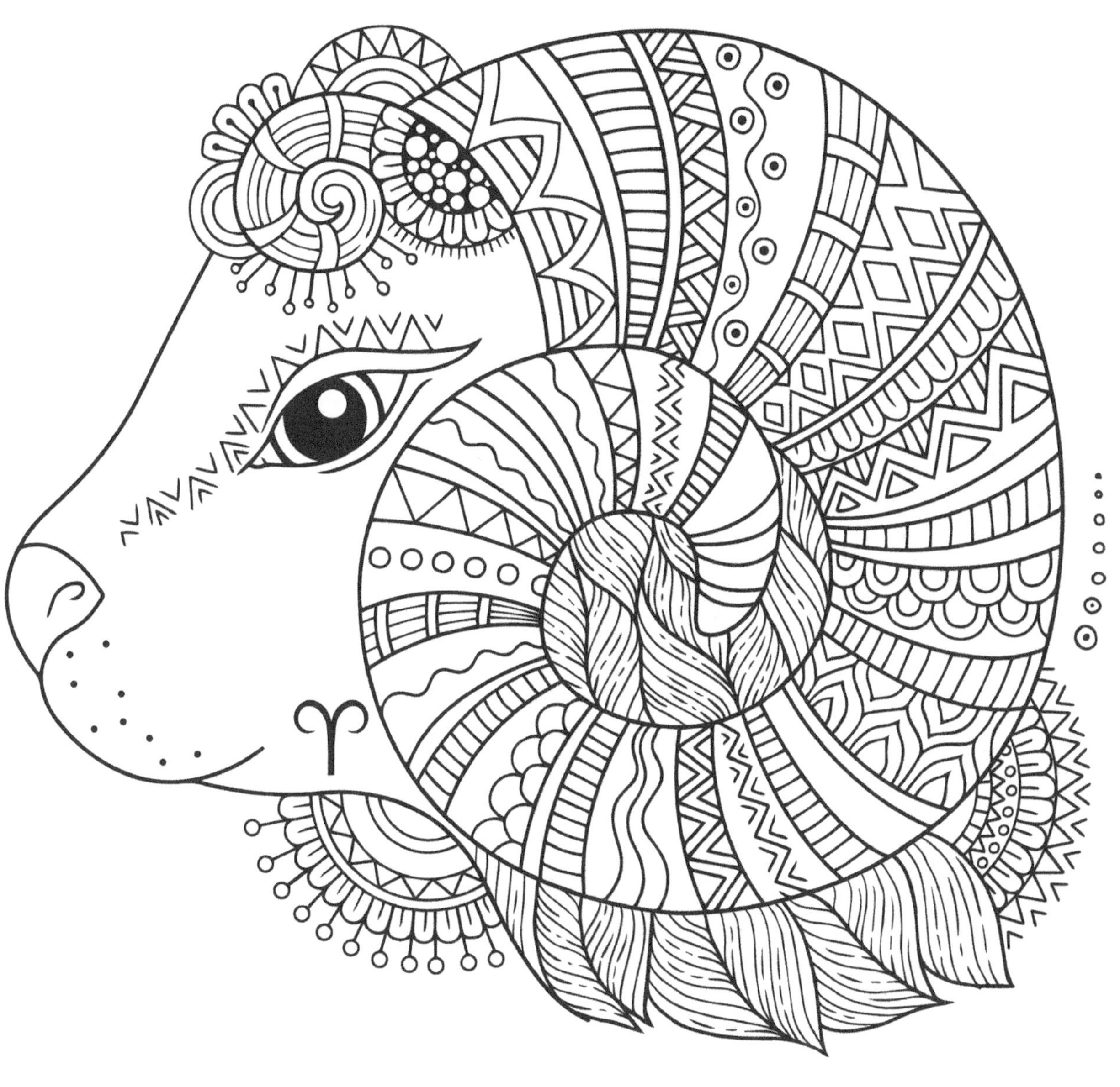

BELIER

21 Mars- 20 Avril

TAUREAU

21 Avril - 20 Mai

GEMEAUX

21 Mai - 21 Juin

CANCER

22 Juin - 22 Juillet

LION

23 Juillet - 22 Août

VIERGE

23 Août - 22 Septembre

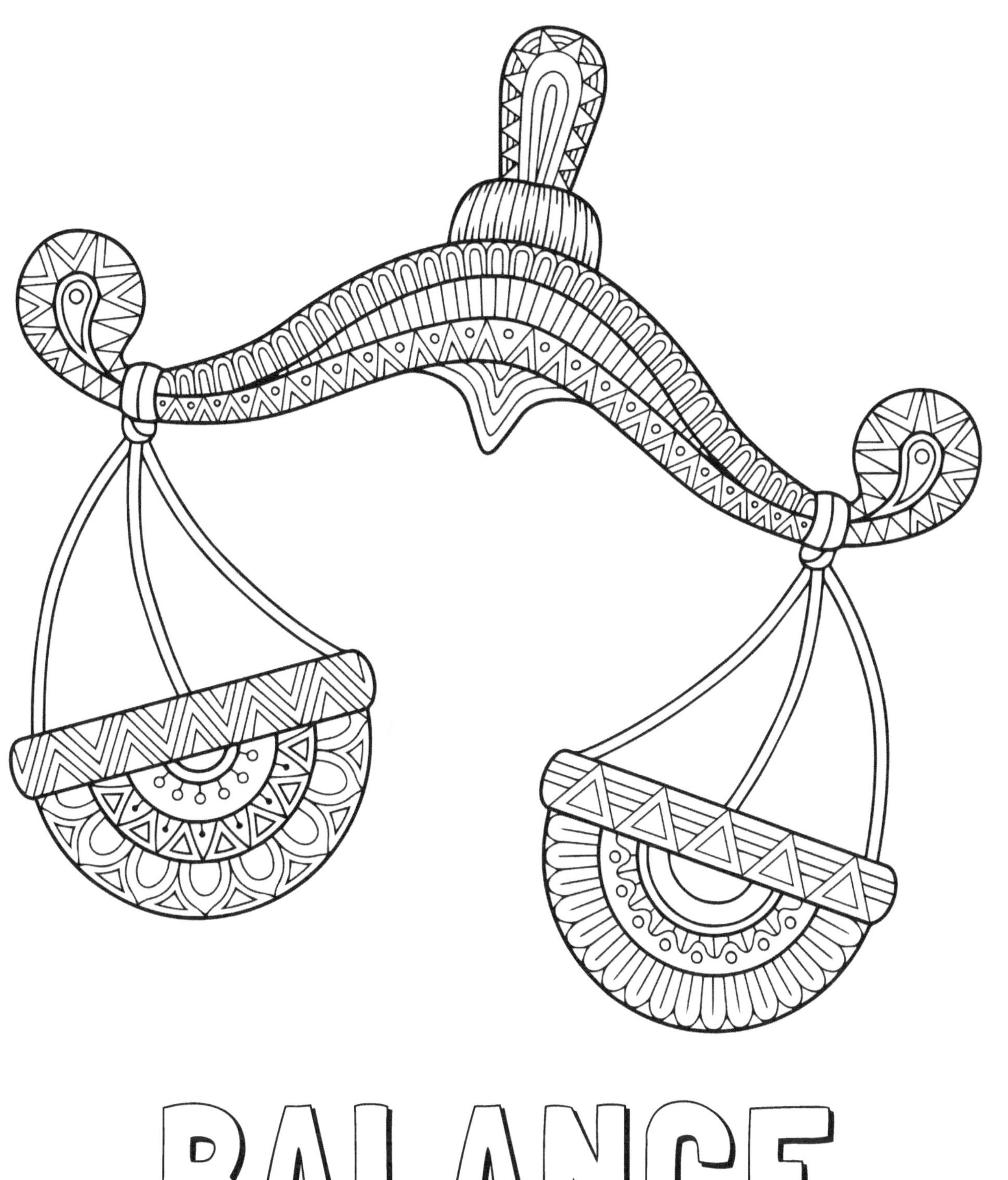

BALANCE

23 Septembre - 22 Octobre

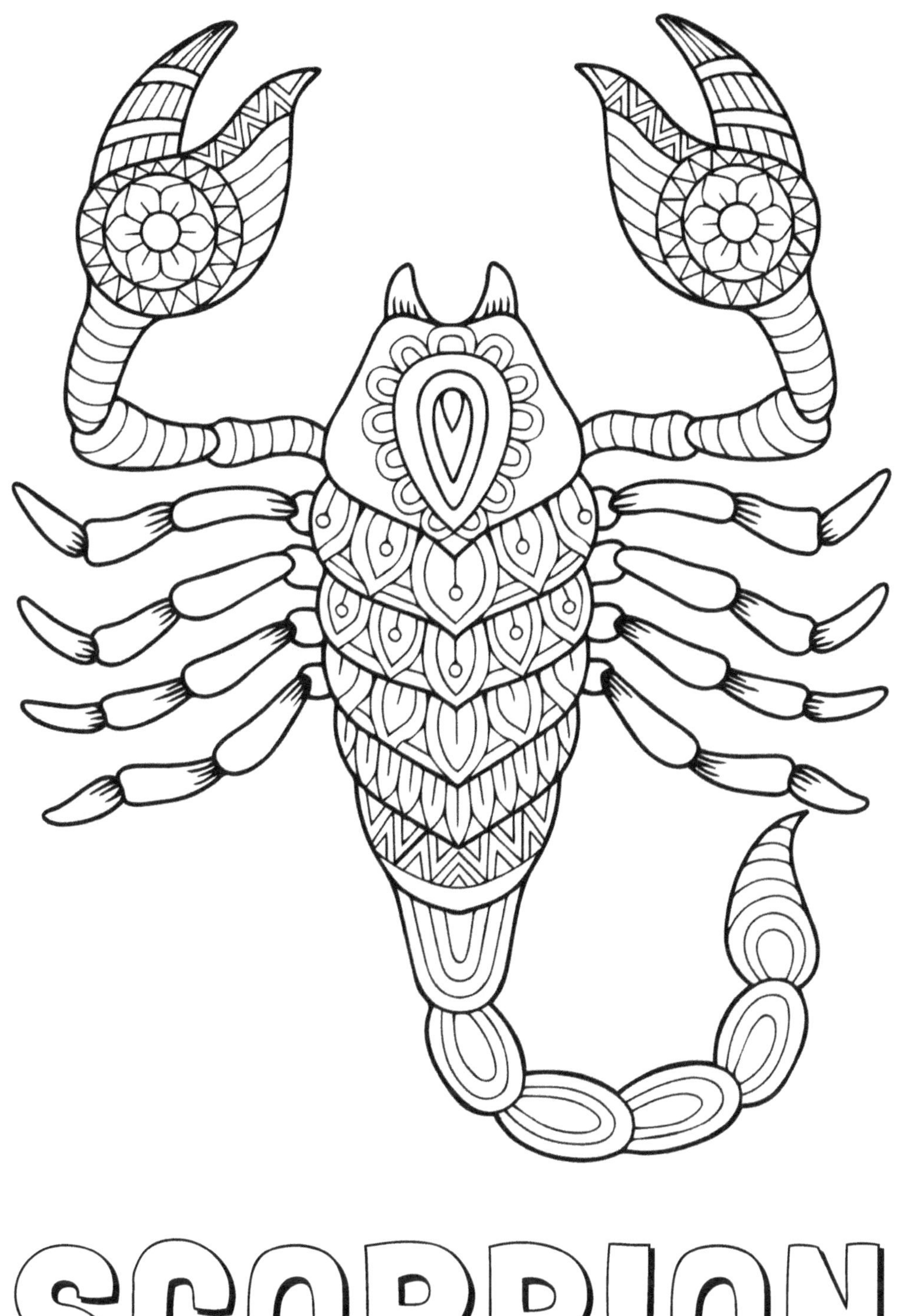

SCORPION

23 Octobre - 22 Novembre

SAGITTAIRE

23 Novembre - 21 Décembre

CAPRICORNE

22 Décembre - 20 Janvier

TAURUS
VIRGO
AQUARIUS
LEO
SCORPIO
CANCER
GEMINI
CAPRICORN
PISCES
ARIES
SAGITTARIUS
LIBRA

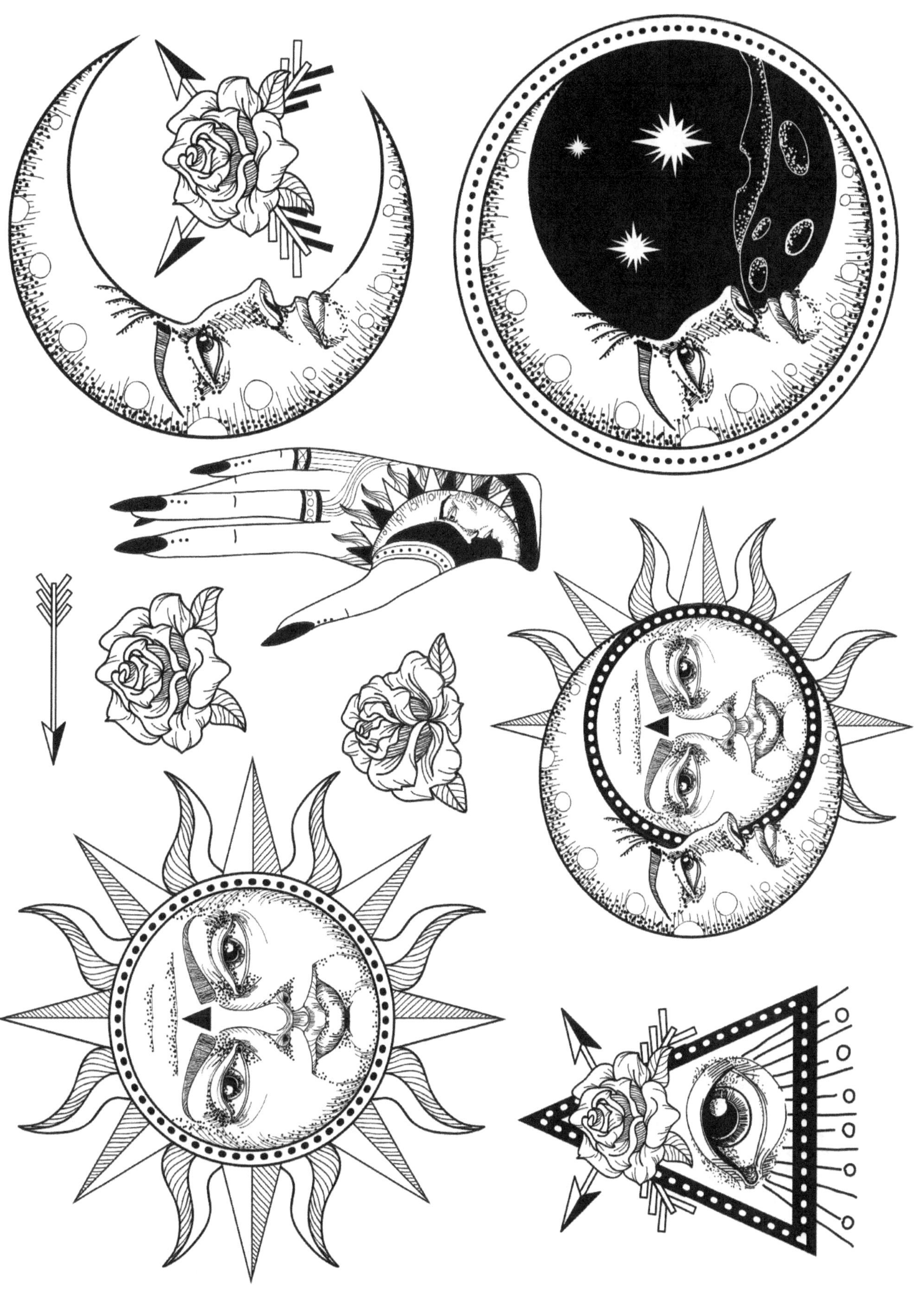

-PARTIE 2-

Signes Taureau

TAURUS

Taurus

TAURUS

TAURUS